LA VA ON_____

~

THE WALTZ OF SHADOWS

Benjamin Cusden ~ Faten Gharbi

*Poésie en français et en anglais
avec des illustrations par les poètes*

~

*Poetry in French and English
with illustrations by the poets*

To Lewis and Jenny
The best friends any man
could have! All my love
Ben xxx

LES ILLUSTRATIONS ~ THE ILLUSTRATIONS

LA POESIE ~ THE POETRY

LA VALSE DES OMBRES

~

THE WALTZ OF SHADOWS

Benjamin Cusden ~ Faten Gharbi

Poésie en français et en anglais
avec des illustrations par les poètes

~

Poetry in French and English
with illustrations by the poets

La valse des ombres ~ The Waltz of Shadows
Faten Gharbi

La valse des ombres

Une partie de choses ou d'êtres vivant
Elles s'abandonnent au rythme des temps
Se prolongeant, s'étirant paresseusement
Se décuplant, se mélangeant
Valsant sous les lumières changeantes
Mourant et renaissant inlassablement

The Waltz of Shadows

A part of things or beings living
They abandon themselves to the rhythm of time
Extending, stretching lazily
Are multiplying, mixing
Waltzing under the changing lights
Dying and reborn tirelessly

Resonance ~ Resonance
Benjamin Cusden

Resonance

L'amour est la dernière masse de rouge.
Sérénades de sons tordus
Construction résonante vers le ciel
Parmi la chaleur tempérée des flammes.

Brûlant harmonieusement à la gloire,
Les violons solistes respirent librement
Autour des églises vides rejetées.
Un temple, désaffectée d'adoration

Démasqué, alimentée avec croyance,
Boucles de brise bleues,
Parfum subtil de rose Celtic
Délicatement lisse les sens

Parmi les flammes parfumées.
Nourris avec l'incertitude,
Ténue, déroutant et vrai,
Engloutissant délicatement de nouvelle réalité.

Chaque gouttelette sensuelle
Le mélange des couleurs de la palette
Avec un déploiement de pétales purs
Cérémonieusement dévoilent ma foi de vous

Resonance

Love is the last mass of rouge.
Serenades of contorted sounds
Resonantly build skywards
Amongst heat of tempering flames.

Harmoniously burning to glory,
Solo violins breathe freely
Around the discarded empty church.
A temple, disused of worship.

Unmasked, fuelled with belief,
Blue breeze curls,
Subtle fragrance of Celtic rose
Delicately preens senses

Among perfumed flames,
Fed with uncertainty,
Tenuous, confusing and true,
Delicately engulfing new reality.

Each sensual droplet
Mixing colours of the palette
With unfurling pure petals
Ceremoniously unveils my faith of you.

La rivière de cailloux ~ The River of Pebbles
Faten Gharbi

La rivière de cailloux

La rivière de cailloux dévalait les montagnes escarpées
Blanchâtre saignement entre les sapins enneigés
Prisonnière du nid d'une rivière asséchée
Tombeau de pierres entremêlées.

La rivière de cailloux veine saillante tranchée
Figée par les temps où des sommets enragés
Régurgitait leur colère des monts profanés
Éventrés, violés, dépouillés
Abandonnés dans leurs splendeurs d'éternité

The River of Pebbles

The pebble river rolled down the steep mountains
White bleeding between snowy fir trees
Prisoner of the nest of a dried river
Tomb of stones intertwined.

The river of pebbles, protruding vein shredded
Frozen by the time when rabid peaks
Regurgitated their anger of desecrated mount
Disemboweled, raped, stripped
Abandoned in their eternal splendor

Touché ~Touched
Benjamin Cusden

Touché

Rubans fugaces de lumière,
Bulles et points dardant
Juste hors de portée.
Intouchable,
Intangible,
Petites notes d'espoir
Indépendamment brillant.
Dans leurs vies glorieusement courtes,
Petites visions de perfection
Cela me remplit brièvement,
Touchez-moi,
Puis disparaître.

Touched

Fleeting ribbons of light,
Bubbles and darting dots
Just out of reach.
Untouchable,
Intangible,
Tiny hints of hope
Independently bright.
In their gloriously short lives,
Little visions of perfection
That briefly fill me,
Touch me,
Then fade away.

Un monde imaginaire ~
An Imaginary World
Faten Gharbi

Un monde imaginaire

Elle s'est cachée dans un endroit secret,
Tout doucement elle s'est enfoncée
Dans son monde inventé.
Nul ne peut la trouver,
Ou entendre ce qu'elle disait,
Monologue joyeux, sourire doucereux
Pour des personnages imaginés
Qu'elle s'est entourés.

Fuir la réalité pour un monde parfait
Où les oiseaux chantaient
Ses amis dansaient,
Sur l'herbe soyeuse au duvet nacré ;
Sous leurs pas des fleures multicolores poussaient
Les étoiles scintillaient, le soleil et la lune valsaient.

Sur des nuages blancs immaculés ;
Pieds nus elle sautillait,
Toujours plus haut sous un ciel bleuté,
Ses joues en feux, le rire joyeux,
Ses yeux enfiévrés brillaient ;
Les paumes levées, ses bras elle étirait ;
Vers une forme ailée au visage chaleureux ;
Elle aspirait à rejoindre sa mère tant aimée.

Dans sa réalité sa mère s'en était allée ;
Seule elle avançait, vers un chemin qu'elle rejetait.
Dans son monde imaginaire elle était entourée ;
La paix enveloppait son âme déchirée ;
Réchauffait son cœur épuisé
D'une existence esseulée.

An Imaginary World

She hid in a secret place,
Slowly she sank
Into her invented world.
No one could find it,
Or hear what she said,
Monologue joyful, sugary smile
For imagined characters
She surrounded hersef with.

Escape reality, for a perfect world
Where the birds sang
Her friends were dancing,
On the silky grass with pearly down;
Under their step, of colorful flowers growing
The stars glitterd, the sun and the moon were waltzing.

On pristine white clouds;
Barefoot she hopped,
Always higher under a bluish sky,
Her cheeks on fire, the joyful laughter,
Her eyes shone feverish;
The palms lifted, her arms she stretched;
Towards a winged shape, with a warmly face;
She yearned to join her beloved mother.

In her reality her mother had gone;
Alone she advanced, towards a path she'd rejected.
In her imaginary world she was surrounded;
The peace enveloped her torn soul;
Warmed her heart exhausted
Of a lonely existence.

Traces et bois de saule ~
Footsteps and Willow
Benjamin Cusden

Traces et bois de saule

Nos pieds touchent le même sol mou,
Écart entre le scintillement de cailloux tranchant,
Parsemée de poussière des ailes de papillon.

Pierre grise, blanc argent et lumière
Briller et rebondir vivant de la piste torsadée.
Les monochromes s'enflamment et s'élèvent
En papillons dans nos cœurs.

Aucun écho, un signal sonore.
Une empreinte sur le sol
Comme le soleil, la lune et les ombres
Reflet de lisses contorsions
De bleu nuit, dans un ciel de soie tissée.

Rouge sur le blues transcendant noir
Sauvegardé dans une chaleur, en sécurité dans nos yeux.
Chrysalides secrètes pour nous.

Sérénades lisses font écho à travers un arc de triomphe
De fumer ambré de bois de saule.
La rose délicatement percée avec une touche tendre,
La puissance de notre amour
Seul témoins comme les joues angéliques rougissent
Et pour tout le monde nous sommes un.

Footsteps and Willow

Our feet touch the same soft soil,
Spread between flicker edged pebbles,
Strewn dust from the wings of moths.

Stone grey, silver white and light
Shine and bounce alive from the twisted track.
The monochromes ignite and rise
Into butterflies within our hearts.

No echoes, one sound.
One imprint upon the ground
As sun, moon and shadows
Reflect smooth contortions
Of daynight, in a woven silken sky.

Rouge upon blues transcending black
Saved in a warmth, secure in our eyes.
Secrets papoosed for us.

Smooth serenades hark through a triumphal arch
Of smoked amber willow.
The rose gently pierced with a tender touch,
The power of our love
Witnessed only as angelic cheeks blush
And for all the world we are one.

Les lucioles de ton cœur ~
Fireflies of Your Heart
Faten Gharbi

Les lucioles de ton cœur

Douces lumières dans tes yeux
Vacillent, se ternissent peu à peu

Danse chaleureuse sur ton âme
Qui doucement se fane

Illuminent d'amour et de vie
Dans un souffle s'enfuit

Sur leurs ailes elles ont emporté
Les joies et les peines endurées

Dans leurs lanternes elles ont consumé
Les pages d'une existence d'un être aimé

Les lucioles de ton cœur
Dans un soupir se meurent

Fireflies of Your Heart

Soft lights in your eyes
Waver, tarnish little by little

Dance warm on your soul
That slowly fades

On their wings they took away
The joys and sorrows endured

In their lanterns they consumed
The pages of an existence of a liked being

Illuminate of love and life
In a breath runs away

Fireflies of your heart
In a sigh are dying

Chaque chose sanglante ~ Everybloodything
Benjamin Cusden

Chaque chose sanglante

"Pas de comptes à régler. Ironiquement égale à la perte.
Chaque chose sanglante équivaut à la rédemption. Juste un
spasme dans les muscles de la vie ".

"Il y a des bois épais à proximité."
Dit avant que la nuit ne soit tombée.
Tandis que la lumière s'est attardée,
Bouts du doigt doux
Douloureux.
Étirement sur des horizons disparaissant
Les chiffres, les rayons,
Accroché maintenant.
Je souhaite que demain ne soit jamais venue.

L'odeur de la
Doucement, de plus en plus
Feuilles pourrissantes.
La fougère.
Le bruissement humide de ronces
Griffant délicatement la peau
Sur ces jambes
Aller de l'avant
Laissant le maintenant derrière.
J'ai prié demain de ne pas venir.

L'odeur de la terre
De décrépitude et humide.
L'odeur douce et sucrée,
Parmi les épaisses, épaisses forêts
Qui se trouvait à proximité.
Tu savais qu'ils étaient là
Dans le présent.
Vous avez souri comme vous bougez
Baissant les yeux.
Portant la crème et lilas. Ou bleu ?
Mon esprit trompé.
Comment je priais demain ne devrait pas venir.

Un auvent environnant,
Avalement
La lumière comme cela a changé.
De la sécurité
De la journée
Dans la profondeur
Le temps de l'obscurité.
Pourquoi la douceur
Disparu.
Comment ont commencé les questions.
Je voulais et je priai
Et je priais.
Mais chaque chose sanglante
Viens.

Everybloodything

"No accounts to be settled. Ironically equal in loss. Every bloody thing equates to redemption. Just a spasm in the muscles of life."

"There is thick woods nearby,"
Said before the night fell.
While the light lingered,
Soft fingertips
Aching.
Stretching over disappearing horizons
The digits, the rays,
Clinging onto now.
I wish tomorrow had never come.

The smell of the
Softly increasing
Rotting of leaves,
The bracken.
Wet swish of brambles
Gently scratching the skin
On those legs
Moving forward
Leaving the now behind.
I begged tomorrow not to come.

The earth odour
Of damp and decay,
The sweet, sweet smell
Of the thick, thick woods
That lay nearby.
You knew they were there
In the now,
You smiled as you moved
Looking down.
Wearing cream and lilac. Or blue?
My mind deceives.
How I prayed tomorrow should not come.

A canopy surrounding,
Engulfing
The light as it changed.
From the safety
Of daytime
Into the deepness
Of dark time.
Why the softness
Departed.
How the questions started.
I wished and I begged
And I prayed.
But everybloodytomorrow
Comes.

Promenade entre les tombes ~
Walk Between the Graves
Faten Gharbi

Promenade entre les tombes

Promenade entre les tombes
Sous le clair de lune épinglé sur un rideau sombre
Trébuchant sur une pierre tombale ébrécher
Étourdie il la regardait.

Insignifiante pierre grise fissurée
Entourée de mousses et de branches défraîchies
Fébrilement il les retirait.

Quel effroi devant ces yeux était inscrit
Son nom en lettres gothique
La date n'était pas gravée.

Sa poitrine se mit à marteler
Ses muscles à se crisper
Un à un les chiffres apparaissaient
Son heure était arrive

Walk Between the Graves

Walk between the graves
Under the moonlight pinned to a dark curtain
Stumbling on a tombstone chipped.
Stunned, he looks at it

Insignificant cracked gray stone
Surrounded by moss and branches withered.
Feverishly he withdrew them

What terror in front of those eyes was inscribed!
His name in gothic letters
The date was not engraved.

His chest began hammering
His muscles tensed
One by one the numbers appeared
His hour had arrived

Sublime ~ Sublime
Benjamin Cusden

Benjamin Cusden (c) 2015

Sublime

Lentement dans la chaleur tempérée nous nous
métamorphose.
La sensation douce de la peau sur la peau,
Douce et lisse, intense au toucher.
Chaleur sur la chaleur, une sensation de brûlure, sentiment
de manque de scrupule
De fugaces connexions encore constantes.

Les énergies caressent l'air fluide qui nous enveloppe,
Nous Capturons,
Rends nos corps mendiant pour respirer
Comme nos cœurs se contractent et la course avec le rythme
de la passion.
De tendresse.
Rotation au modèle de la réceptivité
et de désintéressement.
Expansion, défiant les lois et la création de l'amour.

Nos corps se transforment en une émotion vivante,
Individuelle, la respiration et entière.
Dépassement des sentiments d'amour ou d'ayant besoin.
Nier les actions de donner ou partager.
Transpiration, suant, caressant et en sachant
Par vagues après vague de crainte intime.
Incontrôlable, incroyable.
Concevable et pur.

Se fondre dans la dévotion poreuse,
Réflexions de la passion font écho à travers nos yeux.
Un moment devient éternel,
Noyade dans le sublime.
Une naissance éclate comme le vieux monde meurt
Une vérité est née, nous sommes complets
Ensemble
Embrasser les lèvres des anges.

Sublime

Slowly in the tempered heat we metamorphose.
The gentle feel of skin upon skin,
Soft and smooth, intense to the touch.
Warmth upon warmth, a burning, brazen feeling
Of fleeting yet constant connection.

Energies caress the fluid air that enfolds us,
Captures us,
Makes our bodies beg for breath
As our hearts contract and race with the rhythm of passion.
Of tenderness.
Revolving to the pattern of openness and selflessness.
Expanding, defying and creating the laws of love.

Our bodies evolve into one living emotion,
Individual, breathing and whole.
Exceeding the feelings of loving or needing.
Negating the actions of giving or sharing.
Sweating, perspiring, caressing and knowing
Through wave after wave of intimate awe.
Uncontrollable, unbelievable.
Conceivable and pure.

Melting into porous devotion,
Reflections of passion echo through our eyes.
A moment becomes eternal,
Drowning in the sublime.
A birth erupts as the old world dies
A truth is born, we are complete
Together kissing the lips of angels.

Douloureuse nostalgie ~ Painful Nostalgia
Faten Gharbi

Douloureuse nostalgie

Dérive d'une âme brisée,
Cherchant inlassablement son chemin
Sur les flots tumultueux du destin
Esquive d'un geste les rêves inachevés

Une lumière vacillante dans l'obscurité
Telle une flamme dans le glacier d'une âme
Prisonnière des rivières du passé

Une plume d'ange sur le rocher d'un cœur
Caresse les crevasses de la douleur
Douloureuse nostalgie d'une existence soufflée

Painful Nostalgia

Derived from a broken soul,
Tirelessly seeking its way
On the tumultuous billows of destiny
Dodges a gesture of unfinished dreams

A flickering light in the dark
Like a flame into the glacier of souls
Prisoner of the rivers of the past

An angel feather on the rock of a heart
Caresses the crevices of pain
Painful nostalgia of a blown existence

Angeleux ~ Angeleux
Benjamin Cusden

Angeleux

L'exaltation à bout de souffle
De départ d'innocence,
Vie exhortant à terme,
Un désir languissant
Sentant maintenant,
N'être qu'un.
Enlacés, empêtré pour l'éternité.
Pour aujourd'hui est toujours.

Oubli vraiment
Les angoisses synchronisées
Du crépuscule perpétuel.
Une vie de bords boueux,
Un flou sans mise au point,
Le gris et l'exigence
Tourment de la respiration,
Naufrage et cachant
Dans l'ombre de masse.
Le mélange moribond du noir.

Un moment impulsif.
La merveille soudaine.
Les yeux
Sombre et douce,
Pure, forte et aimante.
Le toucher de l'ange,
Ailes coupées
Et tombé du ciel
Donner la promesse écho d''amour.

Un cœur brûlant
Étant donné librement
Dans la rougeur d'une joue,
Avec le sourire d'une rose.
Votre amour reporté,
Le vrai don éternel
Qui ne peut être offert à nouveau
Est parti.

Et le sourire s'efface
Comme les larmes restent humides
Et le cœur
Maux.
Et le cœur se serre.
Un spasme de combustion froide
De vide.
Donné par le toucher de l'ange,
Ailes coupées
Est tombée du Paradis.

Angeleux

The breathless exhalation
Of innocence departing,
Life urging forwards,
A yearning desire
Feeling now,
To be one.
Entwined, entangled for eternity.
For today is forever.

Truly forgetting
The synchronised anxieties
Of perpetual twilight.
A life of smudged edges,
A blur with no focus,
The grey and demanding
Torment of breathing,
Sinking and hiding
In a mass shadow.
The moribund blend of black.

One impulsive moment.
The sudden wonder.
The eyes
Dark and soft,
Sheer, sharp and loving.
The touch of an angel,
Wings clipped
And fallen from Heaven
Giving the echoing promise of love.

A burning heart
Given freely
In the blush of a cheek,
With the smile of a rose.
Your love carried forward,
The eternal true gift
That can never be offered again
Is gone.

And the smile fades
As the tears stay damp
And the heart
Aches.
And the heart aches.
A cold burning spasm
Of emptiness.
Given by the touch of an angel,
Wings clipped
And fallen from Heaven.

Les étoiles sont nées pour mourir ~
Stars Were Born to Die
Faten Gharbi

Les étoiles sont nées pour mourir

De petites lanternes suspendues sur un rideau clair-obscur
Fleuraison de boutons d'argent dans la nuit pure
Leurs chants muets entonnent les louanges à l'existence
La force acquise dans la perte et l'adversité
Un don indéfinissable les fait scintiller
C'est le besoin de vivre et d'avancer

Les étoiles sont nées pour mourir
En silence une à une à l'aube elles s'éteignent
Au crépuscule elles ressuscitent et s'illuminent
Renaissant et s'épanouissant
Procurant croyance et espérance

Stars Were Born to Die

Small lanterns hanging on a chiaroscuro curtain
Flowering of silver buttons in the pure night
Their dumb singings intone the praises of existence
The strength acquired in loss and adversity
An indefinable gift makes them sparkle
It is the need to live and move forward

Stars were born to die
Silently one by one at dawn they are extinguished
At dusk they resuscitate and light up
Renascent and blooming
Providing faith and hope

D'un passé lointain ~ Of a Distant Past
Benjamin Cusden

D'un passé lointain

Faibles rires silencieux
Echo à travers les souvenirs
D'un passé lointain
Inquiétant disparu depuis longtemps.

Un sourire chaud fané
Oublié,
Maintenant ténue,
Comme avec les larmes
Qui descendait à la poitrine
D'un jeune amoureux délaissé.
Le désespoir de l'éconduit
Dans un vide.

Rubis comme les lèvres
Et saphirs pour les yeux,
Rose rougit les joues pincées
Et la perte d'une promesse
Une fois faite du cœur
Maintenant, une éternelle confusion
De perte.

Une main tendue dans la dévotion sincère.
Une réclamation pour s'étendre
La consommation
De tendresse.
Ignoré et réprimandé
Et dédaigné avec le rire
Comme les échos de silence
Par souvenirs
D'un passé lointain.

Un bisou.
Un baiser d'honnêteté
Pourrait avoir scellé et protégé
La belle, cœur battant
Si douce et tendre
Maintenant pour toujours noirci
En languissant
Et recherche
Pour un bout de besoin
Et de vouloir.

Une douce rosée se dépose
Sur une joue cendrée.
Le fantôme d'une rose,
Un miroitent fatigué
Pâlissant.
Comme la lumière recule
Et une âme quitte
Seule.

Une mort paisible.
Mal-aimé et le froid.
Incapable au souffle comme le sang pur a coulé
Dans un gâchis de larmes
Et l'émotion détrempée.
Vie s'échappé
Comme des rires silencieux
A travers d'écho
Les caprices
D'un lointain,
Désespéré passé.

Of a Distant Past

Low silent laughs
Echo through memories
Of a distant past
Worryingly long gone.

A warm faded smile
Forgotten,
Now tenuous,
As with the tears
That ran down to the breast
Of a young lover jilted.
The despair of the spurned
In an emptiness.

Rubies as lips
And sapphires for eyes,
Pink blushed pinched cheeks
And the loss of a promise
Once made from the heart
Now an eternal confusion
Of loss.

A hand held out in earnest devotion.
A plea to reach
The consummation of tenderness.
Ignored and rebuked
And scorned with the laugh
As the silence echoes
Through memories
Of a distant past.

One kiss.
One kiss of honesty
Could have sealed and protected
The beautiful, beating heart
So gentle and tender
Now forever blackened
By yearning
And searching
For one scrap of need
And of wanting.

A soft dew settles
On an ashen cheek.
The ghost of a rose,
A jaded sparkle
Fading.
As the light recedes
And a soul departs
Alone.

A quiet death.
Unloved and cold.
Unable to breath as the pure blood flowed
In a waste of tears
And sodden emotion.
Life escaped
As silent laughs
Echo through
The vagaries
Of a distant,
Desperate past.

Théorie pour la mort ~
Theory for Death
Faten Gharbi

Théorie pour la mort

Une âme soufflée dans une coquille vide
Une ombre incarnée s'y est enchaînée
Extension d'une âme
Compagne de naissance
Compagne de l'existence
Dans la lumière elle s'éveille
Dans les ténèbres elle veille
L'ombre de La Mort s'accroît irréductiblement
Les chiffres de la vie décroissent promptement
Le temps s'évade irrémédiablement

Theory for Death

A blown soul in an empty shell
A shadow embodied is chained to her
Extension of a soul
Companion of birth
Companion of existence
In the light she awakens
In the darkness she watches
The shadow of death increases irreducibly
The numbers of life promptly decrease
Time escapes irremediably

Le dernier ange ~ The Last Angel
Benjamin Cusden

Le dernier ange

Il n'y a pas de lèvres à embrasser
Depuis que le dernier ange est mort.
Les ailes repliées couvrent un cœur brisé
Saignement avec la pureté de naissance.

Il n'y a aucun bras pour tenir
Maintenant, la force a disparu.
Mains vide laissant
Le manque d'amour,
Vide.
Sans défense comme la couleur continue à couler
Des joues de marbre fissuré.

Le sourire généreux qui offrit tout
A glissé, ne laissant rien.
Désolation,
Dévastation.
Il n'y a aucun son de joie
Ou bonheur.
Sans vie sans tendresse.

Les larmes dans les yeux
Tenez les derniers échos
D'une vie de rêve
Et la réalité.
Maintenant juste un cours d'eau lent scintillant
De futilité
Et souvenirs

Les restes d'amour restent immobiles et calmes,
Silencieux sont les lèvres qui se sont embrassées.
Où une fois était une aura d'or
Maintenant se trouve une ombre de poussière.
Vestiges
De l'ange qui était en nous.

The Last Angel

There are no lips to kiss
Since the last angel died.
Folded wings cover a broken heart
Bleeding with the purity of birth.

There are no arms to hold
Now the strength has gone.
Empty hands leave
Lovelessness,
Emptiness.
Defenceless as the colour continues to flow
From the cracked marble cheeks.

The generous smile that offered up everything
Has slipped, leaving nothing.
Desolation,
Devastation.
There are no sounds of joy
Or happiness.
Lifeless with no tenderness.

The tears in the eye
Hold the last echoes
Of a life of dreams
And reality.
Now just a glistening slow running stream
Of futility
And memories.

The remains of love lie still and quiet,
Silent are the lips that kissed.
Where once was an aura of gold
Now lays a shadow of dust.
Remnants
Of the angel that was within us.

Les larmes de la terre ~
The Tears of the Earth
Par Faten Gharbi

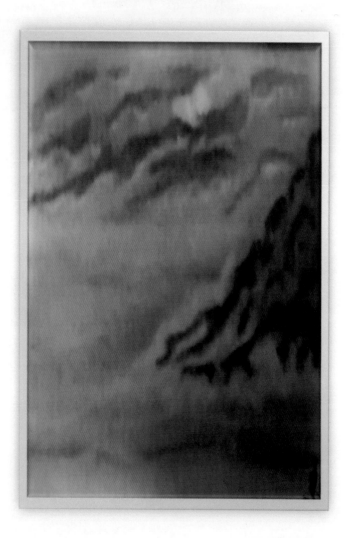

Les larmes de la terre

Les larmes de la terre
S'étendent telle la mer
Vagues de colère
Vrombissent et s'élèvent
S'écrasent sur les rochers
Bouillonnants d'écumes enragées
Giclant de perles d'impuissance

Les larmes de la terre
S'écoulent telle la mer
Murmure chagriné
Las balancements synchronisés
S'échouent sur le sable étoilé
Effaçant les empreintes du temps

Les larmes de la terre
S'étendent telle la mer
Nuances infinies
D'estompe d'émotions de la vie

The Tears of the Earth

The tears of the earth
Extend like the sea
Waves of anger
Roar and rise
Crashing on the rocks
Bubbling rabid scum
Spurting of pearls of powerlessness

The tears of the earth
Flow like the sea
Murmur chagrined
Tired synchronized rocking
Washed up on the starry sand
Erasing the footprints of time

The tears of the earth
Extend like the sea
Infinite nuances
On fades of emotions of life

Fantômes ~ Ghosts
Benjamin Cusden

Fantômes

Je crois vraiment aux fantômes.
Rire séduisant à travers un ruissellement frais, air mince
Attraper le soleil d'hiver jouant à travers les brumes
matinales,
Riant sottement comme un enfant vilain et les échos de votre
sourire.
Fragile et vrai.

Vos yeux afin de donner et de vouloir. Les associations
d'ondulation de vie.
Doucement, ondulant doucement avec la lumière. Je crois
vraiment aux fantômes.
Le temps du bonheur brille d'or sur votre nom,
Caché sur les lèvres secrètement prêtes, a chuchoté
maintenant
Seulement dans l'obscurité.
Le chaleureux, affectueuse obscurité lorsque je tente de vous
tenir près de moi.

Je crois vraiment en fantômes. Heureusement.

Ghosts

I do believe in ghosts.

Winsome laughter trickling through cool, thin air.
Catching winter sun playing through morning mists,
Giggling like a naughty child and echoes of your smile.
Fragile and true.

Your eyes so giving and wanting. Pools of life rippling.
Gently, gently rippling with the light. I do believe in ghosts.
The happiness of time shines gold on your name,
Hidden on secret poised lips, whispered now
Only in darkness.
The warm, loving darkness when I try
to hold you close to me.

I do believe in ghosts. Happily.

Le berceau de fleurs ~
The Cradle of Flowers
Faten Gharbi

Le berceau de fleurs

Un petit être naissant dans le creux de son sein
Un petit ange innocent sous la caresse de ses mains
Dans le berceau de bois il dormait paisiblement
Au son d'une berceuse le balançant doucement
D'une mère aimante de tendresse le protégeant
Sous ces paupières avec les anges il jouait
Formant une ronde sous les étoiles ils dansaient
Dans un sommeil paisible le petit être s'est envolé
Dernière valse avec les anges dans la voie lactée

Un vide immense dans le creux de son sein
Une impuissance douloureuse crispait ses mains
Le berceau de bois s'est arrêté de bouger
Un cri silencieux l'a enveloppé
Une mère déchirée au regard voilé
Devant un berceau de fleurs inanimé
Scellé sur une petite tombe où son enfant reposait

The Cradle of Flowers

A small being born in the hollow of her breast
An innocent little angel under the caress of her hands
In the cradle of wood, he was sleeping peacefully
The sound of a lullaby swaying him gently
Of a loving mother of tenderness protecting him
Under these eyelids with the angels he was playing
Forming a round under the stars they danced
In a peaceful sleep the little being flew away
Last waltz with the angels in the Milky Way

An immense void in the hollow of her breast
A painful powerlessness clenched her hands
The wooden cradle has stopped moving
A silent cry has wrapped it
A mother torn with the veiled look
In front of an unmoved cradle of flowers
Sealed on a small grave where her child rests

Le vent froid ~ The Cold Wind
Benjamin Cusden

Le vent froid

Les fleurs fantômes fleurissent dans les arbres squelettiques
Avec les chatons d'hiver, flasque.
Bâillements frais gonflent dans l'air repassé,
Baigné dans la lueur du début.

Et puis il y a le sang, encore une fois, dans la ville
Où les gouttelettes de piscine pourpre.
Déclenchée par les déclencheurs et de mauvaise traduction,
Les échos chutent comme des pierres.

Les ondulations de haine dissimulées éclatent grossièrement
Poissons et barils pourboire.
Les douze qui sont morts n'étaient pas le jury
Mains d'un autre proche.

L'arbre qui est né a beaucoup de branches
Chaque branche indécise.
Recherche les racines dans un sol fertile,
Maintenant le vent froid souffle.

The Cold Wind

Ghost blossoms bloom in skeletal trees
With winter catkins, flaccid.
Crisp yawnings puff through ironed air,
Bathed in early glow.

And then there's the blood, again, in the city
Where crimson droplets pool.
Triggered by triggers and bad translation,
Echoes dropped like stones.

Hidden hate ripples erupting coarsely
Fish and barrels tipped.
The twelve that died were not the jury
Hands of another close.

The tree that's born has many branches
Each bough undecided.
Searching roots in fertile soil,
Now the cold wind blows.

Mort à l'intérieur ~ Dead Inside
Faten Gharbi

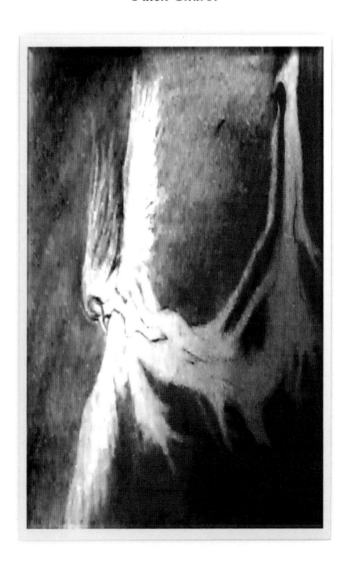

Mort à l'intérieur

Tremblements à l'intérieur d'une coquille vidée
Rafales d'un vent enragé
D'une vie fraîchement trépassée

Souffrance à l'intérieur d'une coquille vidée
Sensation d'un gouffre ensanglanté
D'un être lâchement assassiné

Lacérations à l'intérieur d'une coquille vidée
Plaies fossilisées d'un douloureux passé
Stigmates d'une âme abandonnée

Mort à l'intérieur d'une coquille vidée
Trace d'une ombre tourmentée
Ténèbres insondable d'une existence volée

Dead Inside

Tremors within an emptied shell
Gusts of rabid wind
Of a life freshly passed away

Suffering inside an emptied shell
Sensation of a bloody abyss
Of a being meanly murdered

Lacerations inside an emptied shell
Wounds fossilized of a painful past
Stigmas of an abandoned soul

Dead inside an empty shell
Trace of a tormented shadow
Fathomless darkness of an existence stolen

Jours silencieux ~ Silent Days
Benjamin Cusden

Jours silencieux

Je pense que je veux faire cette promenade,
Une silhouette contre le paysage,
Peut-être que je vais porter un chapeau melon
Et avoir un rire simple.

Je pense que je veux juste être
Une partie de mon environnement.
Un petit morceau de la nature
Lente croissance avec les arbres.

Je pense que je veux le silence
Que seule la paix peut offrir.
Pas de voyages hors des terres lointaines
Juste un morceau tranquille de temps.

Je pense que je veux que maintenant s'arrête
Et pour cela de ne jamais avoir existé,
Jours silencieux et des soirées calmes
Sans avoir à être ici

Silent Days

I think I want to take that walk,
A silhouette against the landscape,
Maybe I'll wear a bowler hat
And have a simple laugh.

I think that I just want to be
A part of my surroundings.
A little piece of nature
Slowly growing with the trees.

I think I want the silence
That only peace can offer.
No journeys off to distant lands
Just a tranquil piece of time.

I think I want the now to stop
And for it to never have existed,
Silent days and quiet evenings
Without having to be here.

Le moulin de mon enfance ~
The Windmill of my Childhood
Faten Gharbi

Le moulin de mon enfance

Des boutons rouges saupoudrés
Sur le champ de blé doré
Embrassaient les branches bleutées
De lavande aux effluves enivrants
Couronne fleurie provençale
Ornait le moulin de mon enfance

Sous un ciel bleu azur
Où des moutons cotonneux
Voguaient paresseusement
Sous la direction du coq rouillé
Leurs ombres caressaient
Les façades grisonnantes
Du moulin de mon enfance

Des billes noires parsemaient
Les murs ardents ensoleillés
Chantaient les beaux jours à la gloire de l'astre d'été
Au rythme du tempo du mistral
Faisant danser les ailes immenses
Du moulin de mon enfance

The Windmill of my Childhood

Sprinkled red buttons
On the golden wheat field
Embraced the bluish branches
Of lavender's intoxicating scent
Provencal flowery crown
Adorned the windmill of my childhood

Under an azure sky
Where fluffy sheep
Sailed lazily
Under the direction of the rusty rooster
Their shadows caressed
The greying facades
Of the windmill of my childhood

Black beads dotted
The sunny ardent walls
Sang the beautiful days to the glory of
the summer star
At the rate of the tempo of the mistral
Making dance the immense wings
Of the windmill of my childhood

Doux pour moi ~ Sweet to Me
Benjamin Cusden

Doux pour moi

Le sel se mêle doucement dans l'air
Doux pour moi sur mes lèvres
Loin le grondement constant
Me réconforte avec sa présence.

Le crépuscule se fane doucement
Les rouges brillent d'or
Et les transcendent de bleus
Par une nuance plus sainte de vin.

La dernière chaleur de la journée
S'accroche doucement dans un cocon de douceur de velours
J'écoute les murmures d'un été mourant
Et mes pensées sont toutes de vous.

C'est ma nuit
Le solitaire, l'obscurité saine
Engloutira bientôt
Les vivants de la terre silencieuse.

Pour mourir seul dans une telle beauté
Sous les yeux d'un lever de lune
Je n'ai jamais ressenti un tel bonheur
Allongé pour toujours ici avec vous.

Sweet to Me

The salt gently mingles in the air
Sweet to me on my lips
Far off the constant roar
Comforts me with its presence.

The twilight gently fades away
The reds glow gold
And the blue transcends
Through a holier shade of wine.

The last warmth of day
Hangs gently in a velvet soft cocoon
I listen to the whispers of a dying summer
And my thoughts are all of you.

This is my night
The lonesome, wholesome darkness
Will soon engulf
The living silent land.

To die alone in such beauty
Under the eyes of a rising moon
I have never felt such happiness
Lying forever here with you.

Au loin derrière un rideau de brume ~
Far Off Behind a Curtain of Mist
Faten Gharbi

Au loin derrière un rideau de brume

Au loin derrière un rideau de brume
Un sentier invisible sinueux
Sur les cailloux argileux
Des souvenirs perdus
S'effritent peu à peu

Au loin derrière un rideau de brume
Un livre ouvert se consume
Une à une les pages s'enfument
Emportant secrets et amertume

Au loin derrière un rideau de brume
Un oiseau fantomatique perd ses plumes
Dans un dernier envole
Tourbillonnent et se disloquent
Emportant l'ancre du destin
D'une existence qui prend fin

Far Off Behind a Curtain of Mist

Far off behind a curtain of mist
A winding trail invisible
On the clayey pebbles
Lost memories
Crumble off little by little

Far off behind a curtain of mist
An open book burns
One by one the pages smoke
Carrying away secrets and bitterness

Far off behind a curtain of mist
A ghostly bird loses its feathers
In a last flight
Swirl and dislocate
Carrying away the anchor of fate
Of an ending existence

Maison découverte ~ Finding Home
Benjamin Cusden

Maison découverte

Le temps a passé comme dans les rêves fluides
La décoloration de la distance.
L'émotionnel est devenu physique
Dans chaque mouvement que je fis.
Ni base solide creusée,
Ni un contrefort de soutien.
Transplantation dans une sauvagerie
À partir de là, il y à.

Chaque transposition
Marquée dans le paysage.
Le rattachement des contours non cartographiés,
Existant dans un espace.
Des lieux inconnus, d'autres non satisfaits,
Muets à leur existence.
Essayer de trouver l'endroit secret
Encore non partagé avec moi.

L'herbe verte semblait pousser
Dans les champs une splendide chute de rosée,
Mais une fois la clôture est grimpée
Les couleurs se fanent toujours.
Gris croissant et sans valeur
Créant des vides de rien,
Un banal cri d'horizon
Où même les chevaux meurent de faim.

Lorsque mon dernier coucher de soleil,
Dévoré par l'océan, brûlure sur les landes
Et s'écrase dans les collines.
L'acceptation fleurie dans mon cœur
Brisé parmi les larmes,
L'incessante a dû arrêter,
L'éternel à une extrémité.

Une chapelle construite sur les sables,
Murs écroulés, un appel perdu,
Dieu avait quitté le bâtiment
J'ai tourné le dos à lui.
Il n'y a rien dans le mortier.
Aucune liaison ou dure adhésion.
Une vie libre sans un foyer,
Qu'est-ce qu'un homme sans domicile ?

Finding Home

Time passed by as in fluid dreams
Fading in the distance.
The emotional became physical
In every move I made.
Neither strong foundation dug,
Nor a buttress for support.
Transplantation in wildness
From there to there to there.

Every transposition
Marked within the landscape.
Pegging the un-mapped contours,
Existing in a space.
Unknown places, unmet others,
Dumb to their existence.
Trying to find the secret spot
as yet unshared with me.

Seemed the grass grew greener
In fields of dew dropped splendor,
Though once the fence is climbed
The colors always fade.
Growing grey and worthless
Creating voids of nothing,
A screaming mundane vista
Where even horses starve.

When my last sun set,
Devoured by the ocean,
Burning on the moors
And crashing in the hills.
Acceptance bloomed within my heart
Broken amongst the teardrops,
The ceaseless had to stop,
The eternal at an end.

A chapel built upon the sands,
Tumbled walls, a lost appeal,
God had left the building
So I turned my back on him.
There is nothing in the mortar.
No bond or hard adhesion.
An open life without a hearth,
What's a man without a home?

Des étoiles filantes dans tes yeux ~ Shooting Stars in Your Eyes
Faten Gharbi

Des étoiles filantes dans tes yeux

Des étoiles filantes dans tes yeux
Me rappel le temps où nous étions deux
Elles scintillaient de mille feux
À nos moments les plus heureux
Nous enveloppant d'amour chaleureux
De caresses et de baisers fougueux
Et de promesses d'amour éternelles

Les étoiles filantes dans tes yeux
Se sont éteintes peu à peu
Des astres morts aux ombres glacés
Ont assombri nos beaux souvenirs passés
Remplaçant nos étreintes aux goûts mielleuses
Par un mur de vent au son ténébreux

Les étoiles filantes dans tes yeux
Ne s'illumineront plus jamais
Un vide étouffant les a remplacées
Une solitude sans lendemain s'est installée
Un besoin de mourir pour ne plus rêver
Cesser de penser et d'espérer
Pour un être qui a choisi de s'en est allé

Shooting Stars in Your Eyes

Shooting stars in your eyes
I remember the time when we were two
They sparkled with a thousand lights
At our happiest moments
We enfolded in warm love
Of caresses and kisses spirited
And of eternal promises of love

Shooting stars in your eyes
Went out little by little
Of dead stars to icy shadows
Have clouded our memories past
Replacing our embraces to the tastes of honey
By a wall of wind to the dark sound

Shooting stars in your eyes
Will never be illuminated
An empty smother replaced them
Loneliness without a future settled down
A need to die to stop dreaming
Cease thinking and hoping
For a being who has chosen to go away

Toucher ~ Touch
Benjamin Cusden

Toucher

Étonné,
La sensation du toucher.
Une légère pression sur ma joue.
Doux n'est pas un mot à utiliser
Mais à donner
Avec une aisance et force,
Fonctionnelle dans la beauté et le but
Protéger et là pour être embrassée.
Accepter.
Un flux, un contour pour changer.
Émotion.

Touch

Amazed,
The sensation of touch.
Gentle pressure on my cheek.
Soft is not a word to use
But giving
With an ease and strength,
Functional in beauty and purpose,
Protecting and there to be kissed.
Accepting.
A flux, a contour for change,
Emotion.

Un violon assassiné ~ A Murdered Violin
Faten Gharbi

Un violon assassiné

Il était là démuni
Poussiéreux, sali
Dans un caniveau pourri
Des larmes de pluie
Coulaient averse sur lui
Sans fin elles tambourinaient
Nocturne funèbre
Sur ce petit corps cassé

De ses ouïes fissurées
Ces entrailles étaient vomies
Lamentablement pendouillaient
Recroquevillées, entortillées
Elles avaient cessé de vibrer
Son archet l'avait abandonné

Son cou était sectionné
Penché sur le côté
Tenu par un fil
Corde vocale sans vie

Son violoniste pris de colère
L'avait jeté dans les ères
Défenestré, chute mortelle
Dans un dernier souvenir volé
De caresses aux notes tristes ou enjouées
Mélancoliques ou entraînantes
Un ultime cri, une complainte étouffante
Dans la nuit orageuse, un écho s'éteint
Dernière sonate pour un violon assassiné

A Murdered Violin

He was there, helpless
Dusty, dirty
In a rotten gutter
Rainy tears
A rain downpour flowed over him
Unending it drummed
Nocturne funereal
On this little broken body

Of his cracked gills
These guts were vomited
Dangle down miserably
Curled, twisted
They had ceased to vibrate
His bow had abandoned him

His neck was severed
Leaning over the side
Held by a thread
Vocal cord lifeless

His violinist taken by anger
Had thrown him into the past
Thrown out of the window, fatal fall
In a last souvenir stolen
Caresses the sad notes or playful
Melancholy or lively
An ultimate cry, a lament sweltering
In the stormy night, echoes fade
Last sonata for a murdered violin

Vairon ~ Minnow
Benjamin Cusden

Vairon

Les meules sautant à travers les étangs
Éviter les colverts paresseux.
Avec des têtes d'émeraude brillant,
Ils détournent le regard, étincelant au soleil.

Peu impressionné par mon Hercules,
Ma présence, ma force.

Pond des patineurs, chiffre huit
Les doubles cercles, cycles doubles, tourbillons doubles
Œufs et larves se développent
Jamais à s'envoler.

Je me demande ce qui les mange ?
Peut-être un vairon
Peut-être un garçon sans ailes ?

Minnow

Millstones skip across ponds
Avoiding lazy mallards.
With emerald heads shining,
They look away, glinting in the sun.

Unimpressed by my Hercules,
My presence, my strength.

Pond skaters figure eight
Double circles, double cycles, double whirls
Egg and larvae grow
Never to fly away.

I wonder what eats them?
Maybe a minnow
Maybe a boy without wings?

Le temps d'une fleur …

~

The Time for a Flower …
Faten Gharbi

Le temps d'une fleur …

Le temps d'une fleur cueillie avec la rosée du matin
Des perles de larmes s'écoulent lentement sur les pétales
satins
S'étirant paresseusement bercé par le chant des saules
Le cœur se dévoile à la première lueur de l'aube
Sa longue bouche s'abreuve de l'eau fraîchement versée
Dans son aquarium de cristal où elle se mourait

Le temps d'une fleur cueillie avec la rosée du matin
Profitant des douces lumières que la vie offrait
S'endormant chaque soir sans attendre un lendemain

The time for a flower ...

The time for a flower plucked with the morning dew
Pearls of tears flow slowly on satin petals
Stretching lazily lulled by the singing of willows
The heart reveals itself at the first light of dawn
The long mouth watered freshly poured water
In the crystal aquarium where she was dying

The time for a flower plucked with the morning dew
Taking advantage of the soft lights that life offered
Falling asleep every evening without waiting for a next day

Bas Goonhilly ~ Goonhilly Downs
Benjamin Cusden

Bas Goonhilly

L'ancienne station satellite a été fermée
En regardant à travers la clôture rouillée à grande étendue
Bâtiments gris non surveillés, l'amiante en flocons et des
morts.

Ils ont reçu le premier message de la lune ici
Et toujours cette émission en live, car une fois le tour
De jeunes astronautes meurent comme les hommes dans des
lits.

Un petit pas loin, de mon côté du délabrement,
un néolithique
Rester en hauteur. Et si ces hommes sont morts avec de
nombreuses lunes
J'entends clairement leur appel.

Goonhilly Downs

The old satellite station has been closed down
Looking through the rusty fence at great expanse
Unpatrolled grey buildings, asbestos flaked and dead.

They received the first message from the moon here
And still that broadcast lives, as once circling
Young astronauts die as men in beds.

One small step away, on my side of decay, a neolith
Stands tall. And though these men died with many moons
I clearly hear their call.

Le vieux phare ~ The Old Lighthouse
Faten Gharbi

Le vieux phare

Une sentinelle postée sur un éternel rocher
Impassible, droite comme un garde anglais
Inébranlable, contre vents et marrées
Bourrasques enragées et tempêtes déchaînées
Mitrailles de grêles et pluie gelé

Une sentinelle postée sur un éternel rocher
Son œil projetait sa lumière glacée
Iris diurne illuminait les pièges cachés
De la mer traîtresse aux dents acérées
Montrant le chemin aux bateaux abandonnés
Par un ciel d'ébène où les constellations avaient déserté
Redonnant espoir et chaleur aux matelots apeurés

Une sentinelle postée sur un éternel rocher
Son regard éteint sur une membrane rouillée
Son corps nécrosé recouvert de mousse et de plantes
desséchées
Parsemé de trous béants où les oiseaux nichaient
De cicatrices où suintaient des insectes affamés
De grillons trouvères contant chaque été
L'histoire du vieux phare terrassé par la modernité

The Old Lighthouse

A sentry on an eternal rock
Unmoved, straight as an English guard
Unwavering, against winds and tides
Rabid squalls and unleashed storms
Grapeshot of hail and frozen rain

A sentry on an eternal rock
His eye cast its ice-cold light
Iris diurnal, illuminated the hidden pitfalls
Of the treacherous sea with sharp teeth
Pointing the way to the abandoned boats
By an ebony sky which the constellations had deserted
Restoring hope and warmth to the frightened sailors

A sentry on an eternal rock
His gaze off on a rusty membrane
His necrosed body, covered with foam and of dried plants
Dotted with gaping holes where birds were nesting
Of scars where oozed the hungry insects
Cricket minstrels telling each summer
The history of the old lighthouse struck by modernity

Dans la soie ~ Within Silk
Benjamin Cusden

Dans la soie

Brise est pourquoi les ondulations de soie.

Un déplacement de soufflé,
Mouvement sur son voyage.

Chemins fracturés de tourbillons
Courbés.

Ce soir, les jeux de la lune
Et chevauche les vagues de soie.

Des rubans dans ces cheveux,
Souhaiter et promettre.

Within Silk

Breeze is why silk ripples.

A breath traversing,
Movement on its journey.

Fractured paths of swirls
Curved.

Tonight the moon plays
And rides the waves of silk.

Ribbons in her hair,
Wish and promise.

Miroir brisé ~ Shattered Mirror
Faten Gharbi et Benjamin Cusden

Miroir brisé

Miroir brisé d'une âme saturée,
Qui es-tu dans ces morceaux de reflets... ?
Un être perfide ou désenchanté,
Une ombre sans visage, une illusion bafouée.
Un blasphème d'une existence torturée.

Miroir brisé d'une âme damnée,
Un seul visage aux multiples faces cachées,
Lequel est le bon ou bien le mauvais,
Elles chuchotent mais ne se répondent jamais.

Cette confusion fissurée de contemplation
Un regard fou de doute et de désillusion
Un tourment intérieur d'agitation
Les vérités sont déviées par l'auto-aveuglement
Ce n'est pas le miroir, mais l'esprit qui est brisé
Pensées dans les pensées conflit et faiblir
Railler cette vie avec des décisions partagées
Prenant l'ensemble comme une farce de la création.
Vivre pour mourir dans de fausses vérités

Voiler la réalité comme se voiler la face
Bouillir de rage intérieure jusqu'à l'explosion
Chaque reflet est une invention
Création d'un oratorio inexistentiel
Harmonie rejetée, vacuité irrationnelle
Miroir brisé d'une existence artificielle

Maintenant, la liberté est née de la réalisation
Les manilles sont arrachés de fausse perception
Les pressions, les craintes, étaient toute illusion
Mensonges externes qui créent la confusion
La cascade noire de l'obscurité s'en est allée
La vérité c'est vous et vous êtes vérité
Un cœur, une âme, une beauté, sur la vie.

Une union parfaite de deux vies opposées,
Un être subsistant dans l'adversité,
Aucune barrière ni chaînes à brisées,
Juste des lambeaux d'ombres déchiquetées
Emprisonnées dans leurs propres reflets.

Shattered Mirror

Mirror broken of a saturated soul
Who are you in these pieces of reflections...?
A being perfidious or disenchanted
A faceless shadow, an illusion flouted.
A blasphemy of a tortured existence.
Broken mirror of a damned soul,
One face to the many hidden faces,
Which is the good or the bad,
They whisper but never answer.

This cracked confusion of contemplation
A crazed stare of doubt and delusion
An inner turmoil of restlessness
The truths are deflected by self-blindness
It's not the mirror but the mind that's shattered
Thoughts within thoughts conflict and falter
Mocking this life with split decisions
Taking the whole as a farce of creation.

Live to die in false truths
Veil the reality as veil the face
Seethe of rage inside until the explosion
Every reflection is an invention
Creating of an oratorio inexistential
Rejected harmony, irrational vacuity.
Mirror broken of an artificial existence

Now the freedom is born of realization
The shackles are torn from false perception
The pressures, the fears, were all illusion
External lies creating confusion
The black cascade of darkness is going
Inside your heart the light is growing
The truth is you and you are the truth
One heart, one soul, one beauty, one life.

A perfect union of two opposite lives
A being subsistent in adversity
No barrier or chains to be broken
Just shreds of shredded shadows
Imprisoned in their own reflections.

Faten Gharbi est un artiste, poète et écrivain de contes macabre qui est né et vit toujours dans Aix-en-Provence, France. Elle a récemment terminé deux volumes illustrés de la poésie dans la mémoire de sa jeune sœur, Odes Macabre I et II.

Faten Gharbi is an artist, poet and writer of macabre tales who was born and still lives in Aix-en-Provence, France. She has recently completed two illustrated volumes of poetry in memory to her young sister, Odes Macabre I and II.

A select bibliography of poems published in English:

'On the Snow covered Banks'
Lost Coast Review, Volume 5, Issue 3.
'One Heart for Another', 'The Hanged Man'
and 'Bracelet of Skulls'
Mountain Springs Halloween Anthology Vol 2.
'The Raven and the Hanged'
Twenty-Seven Signs – Poetry Anthology,
Lady Chaos Press, New York.

Benjamin Cusden a travaillé dans l'industrie de la télévision à Londres, Grande-Bretagne, depuis 20 ans. Il est un poète qui passe son temps à voyager entre Cornwall, Londres et Lisbonne, au Portugal. Benjamin est un lecteur régulier au sein de la florissante scène londonienne poésie et est train de forger des connexions de poésie et l'art télévisuel au Portugal.

Benjamin Cusden worked in the television industry in London, Great Britain, for 20 years. He is a poet who spends his time travelling between Cornwall, London and Lisbon, Portugal. Benjamin is a regular reader within the thriving London poetry scene and is currently forging poetry and digital art connections in Portugal

A select bibliography of poems published in English:

'An Ocean of Doubt'
Twenty-Seven Signs – Poetry Anthology,
Lady Chaos Press, New York.
'Silhouette'
The Loudest Whisper – Poetry Anthology, London.
'A Voyeur's View', 'In The Bone Yard at Midnight'
and 'The Rapture'
Mountain Springs Halloween Anthology Vol 2.

Pour plus d'informations sur les poètes, leurs poèmes et oeuvres d'art ou
THE HAPPINESS PERFECT PRESS

For further information about the poets, their poetry and artworks or
THE HAPPINESS PERFECT PRESS

email: benjamincusden@hotmail.com

Printed in Great Britain
by Amazon